DE L'ORGANISATION

DES

ARTISTES DRAMATIQUES

A S. EX. LE MINISTRE D'ÉTAT

PARIS

E. DENTU, LIBRAIRE-ÉDITEUR

PALAIS-ROYAL, 13 ET 17, GALERIE D'ORLÉANS

ET A LA LIBRAIRIE CENTRALE, 24, BOULEVARD DES ITALIENS

1863

DE L'ORGANISATION

DES

ARTISTES DRAMATIQUES

PARIS. — IMPRIMERIE DE DUBUISSON ET Cᵉ, 5, RUE COQ-HÉRON.

DE L'ORGANISATION

DES

ARTISTES DRAMATIQUES

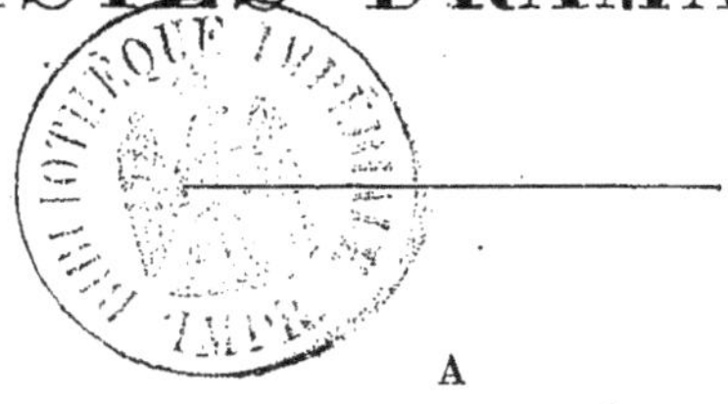

A

S. Ex. le Ministre d'État.

De la décadence du théâtre naîtra le progrès.

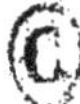

PARIS

IMPRIMERIE DE DUBUISSON ET Cᵉ, 5, RUE COQ-HÉRON

—

1863

MÉMOIRE

SUR

L'ORGANISATION DES ARTISTES DRAMATIQUES

ADRESSÉ

A SON EXC. LE MINISTRE D'ÉTAT.

———

EXCELLENCE ,

La législation qui doit définitivement régler la propriété littéraire a pour conséquence immédiate l'organisation des artistes dramatiques, aujourd'hui livrés à eux-mêmes, sous l'influence d'une entière désorganisation.

Votre Excellence, dans sa haute sollicitude pour les artistes, a demandé à MM. les préfets des renseignements qui doivent éclairer le Ministre d'État et la Commission sur la situation des théâtres de la province.

Dans une question tout en dehors de leur compétence, nul doute que les hauts fonctionnaires des départements ne soient dans l'impossibilité de fournir les documents complets à cette enquête, qui nécessite une étude morale et pratique du théâtre.

Un appel, fait à toutes les intelligences par l'Empereur lui-même, nous imposait le devoir d'apporter un concours dévoué à la régénération de plusieurs milliers d'artistes qui attendent de l'initiative du Gouvernement une répartition plus équitable de leurs services et de leurs talents.

L'art dramatique, à notre époque, est en pleine décadence : ce fait est incontestable.

Rechercher l'origine du mal, le présenter sans exagération, apporter un remède efficace, tel est le but à atteindre.

La cause première de cette décadence est due à la liberté illimitée qui abandonne, sans contrôle, la destinée des artistes à une petite quantité d'individualités, sous le nom de DIREC-TEURS.

L'AUTOCRATIE directoriale a créé à la littérature et à ses interprètes une situation DÉSASTREUSE :

Si le directeur est avare, incapable, il introduira dans son administration une parcimonie dont les artistes seront les premières victimes;

Au contraire, s'il joint l'intelligence à l'avarice, en quelques années il aura réalisé une fortune scandaleuse, encore au détriment des artistes;

Enfin, s'il est prodigue, il aura creusé un gouffre dont les artistes toujours seront les victimes.

Aux termes du droit et de la raison, la liberté commerciale absolue ne peut être laissée qu'à l'industriel ou au commerçant qui apporte son avoir dans une exploitation.

Dans la gestion des théâtres, cette liberté devrait être limitée. Les directeurs n'ont pour tout apport qu'un privilége, se résumant en une feuille de papier signée du Ministre.

C'est à l'aide de ce privilége qu'il leur est possible de trouver des capitaux, des artistes, des employés, des fournisseurs; et, dans leur fièvre de spéculation, c'est encore ce privilége qui leur donne le droit de rançonner, dans l'enceinte des théâtres, de petits marchands, auxquels ils vendent fort cher le droit de vendre.

Nous ne parlerons pas des théâtres impériaux, où les intérêts des artistes, des employés, des fournisseurs sont sauvegardés par des administrations sérieuses.

Une trop grande tolérance, en laissant le champ libre aux directeurs, a fait tomber dans un état déplorable les théâtres de Paris et de la province; ils n'offrent plus que chaos, pêle-mêle de succès, de demi-succès, de chutes et de rechutes, de reprises nuisibles aux œuvres nouvelles, reprises exagérées, soutenues à grand renfort de prospectus, d'affiches et de réclames; en un mot, par tous ces moyens déshonnêtes qui trompent le public sur la qualité de la marchandise vendue, ce public qui est un peu quelque chose; car, en somme, c'est lui qui paye et paye bien pour être mal servi.

De là le discrédit qui a frappé certaines directions et les artistes qui en font partie.

Malgré l'abolition des droits féodaux, c'est encore à l'ombre du privilége que le directeur de province a ressuscité un droit de servage dans l'arrondissement théâtral qui lui est dévolu, en prélevant une dîme onéreuse sur les troupes équestres, sur les physiciens, sur les acrobates, comédiens nomades qui, eux du moins, risquent un matériel, leur patrimoine.

Voilà LES RÉSULTATS DU PRIVILÉGE!

La carrière dramatique est, de toutes les professions libérales, celle qui a le plus de séductions et d'attraits.

Le mirage de l'illusion a fait briller à vos yeux des rêves d'or.

Vous vous élancez dans cette voie, le cœur jeune d'espérances et d'avenir; déjà les bravos retentissent à vos oreilles, les fleurs, les couronnes tombent à vos pieds, et la renommée porte votre nom au sein d'un public idolâtre.

TEL EST VOTRE IDÉAL.

Imprudents!

La triste réalité va vous étreindre.

Partout des emplois occupés, partout l'intrigue et la protection; et à quel prix?.....

Les artistes en nom absorbent les premiers rôles créés sous leur despotique volonté, se multiplient à l'infini, étouffent tout ce qui n'est pas eux, et ne supportent les petits rôles que pour leur réplique; ils ont sacrifié à la spéculation les progrès de leur art, et l'on a vu, avec regret, disparaître l'harmonie de ces troupes sédentaires et homogènes, qui, sous des applaudissements mérités, consacraient glorieusement le nom de leur théâtre.

Aujourd'hui, les artistes se prêtent de directeur à directeur; leurs noms sur une affiche effacent volontiers le titre de l'ouvrage qu'ils sont chargés d'interpréter; partout ils moissonnent profit et renommée au détriment de leurs camarades.

MALHEUR A VOUS, téméraires, qui demandez à grossir les rangs! vous serez immédiatement refoulés ou étouffés. Si vous avez le feu sacré, que de larmes amères! que de rage impuissante!

Après une longue et vaine attente, il faudra vous résigner. Vos illusions perdues, l'âme déchirée et meurtrie, vous retomberez dans les déclassés de la société que vous avez imprudemment quittée, les uns dans la misère, les autres dans la prostitution et quelquefois le suicide.

HÉLAS ! QUE DE RÊVES ÉVANOUIS SUR LES PLANCHERS D'UN THÉATRE !

N'Y A-T-IL DONC RIEN A FAIRE ?

Tout est-il pour le mieux dans le meilleur des mondes possibles?

La sollicitude du Ministre d'État est acquise aux artistes ; mais les administrateurs qui président aux destinées de l'art dramatique ont-ils sérieusement la conviction d'être arrivés à l'apogée de la perfectibilité?

Certes, non.

Pourquoi, lorsque du sommet du pouvoir est donné le signal d'une régénération prochaine, les hommes animés d'un souffle vivifiant ne rencontrent-ils que froideur et dédain là où ils sont en droit d'attendre bienveillance et encouragement?

C'est que le progrès a de terribles difficultés à vaincre pour détruire l'esprit de routine; c'est que le courage civique n'a pas été donné à tous pour affronter la grande lutte DU PASSÉ contre L'AVENIR.

A ces plaintes trop vraies, l'on objectera, sans nul doute, la concurrence mercantile des directeurs et le *protectorat* de la Société des artistes.

La Société des artistes dramatiques a-t-elle bien tenu tout ce que l'on pouvait attendre d'elle ?

Jusqu'à ce jour, son action s'est bornée au rôle trop passif d'une modeste société de bienfaisance.

N'est-il pas temps de lui demander, moralement et matériellement, une puissante initiative, au nom des besoins pressants de tant de milliers d'artistes?

Un recensement général établirait la statistique des artistes qui *vivent* de leur art et de ceux qui peuvent en *mourir*.

Le classement des aptitudes de chacun serait fait, et là où il
y a désorganisation, il y AURAIT ORGANISATION.

A l'époque des renouvellements de troupes dramatiques, il
serait facile de connaître le nombre des artistes engagés et de
ceux qui restent en disponibilité.

Cette indication permettrait à ces derniers de modifier leur
genre, et de rétablir ainsi l'équilibre entre les emplois qui abon-
dent et ceux qui font défaut.

Pour former leurs troupes, les directeurs de province se
renseigneraient au sein de la Société des artistes.

Les engagements seraient signés provisoirement, sans aucun
prélèvement de droit de commission.

Les troupes, ainsi constituées, débuteraient sur différentes
scènes de la capitale, désignées *ad hoc*.

Le directeur jugerait du talent de chacun et de l'ensemble de
sa troupe, rendrait les engagements définitifs, et présenterait
sur les scènes de province des artistes consacrés par le suffrage
du public parisien.

Les directeurs et les artistes seraient dégrevés des lourdes
charges que leur imposent les correspondants.

Ces troupes de province, organisées à Paris, sans frais de
déplacement, n'auraient plus à affronter des débuts incertains,
à redouter des chutes douloureuses, qui nous les ramènent (l'é-
poque des engagements passés), à la suite d'un pénible voyage,

dépouillés de leur garde-robe, leur seul avoir, dans un état de détresse extrême.

Examinons un instant comment se recrutent les troupes de province.

Dans des bureaux de placement, chez des agents connus sous le nom de correspondants de théâtre.

Ces agents ont-ils tous volonté, aptitude et intérêt à former des troupes sérieuses?

Auraient-ils toutes ces qualités, la concurrence établie entre eux leur ôterait la possibilité de réunir sur leurs registres les noms et les talents nécessaires à l'ensemble d'une bonne troupe.

L'intérêt pécuniaire est leur premier mobile :

Recevoir du directeur et prélever tant pour cent sur les avances faites aux artistes qu'ils ont engagés.

Pour le directeur, pas de garanties de capacités dans ses pensionnaires.

Pour l'artiste, pas de garanties de solvabilité de son directeur.

Pour l'agent, certitude de payement, puisqu'il prélève toujours ses honoraires sur les premières avances.

Les remplacements, occasionnés par les chutes nombreuses qui atteignent les artistes et les directeurs, sont encore pour ces mêmes agents une nouvelle occasion de bénéfice.

L'AGENCE EST UNE PLAIE DANGEREUSE, qu'il est utile de voir disparaître.

La Société des artistes dramatiques, s'administrant elle-même, sous la direction de son honorable président, établirait dans l'organisation des troupes une HONNÊTETÉ et une PRÉVOYANCE inconnues jusqu'à ce jour, et sauvegarderait l'intérêt du directeur et LES DROITS DU PUBLIC.

A l'avenir, on exigerait du talent où bien souvent, sur différentes scènes, le nom *d'artiste* est usurpé par des femmes qui n'ont pour tout apanage que gracieux visage et vertu facile.

Depuis longtemps ces réformes sont à l'ordre jour.

Prochainement, nous en avons la ferme conviction, la Commission des théâtres donnera satisfaction à tant d'intérêts légitimes, soit en assimilant tous les théâtres aux théâtres impériaux, soit en détruisant l'*absolutisme du privilége.*

Alors seulement, on verra disparaître un état de choses que tout le monde déplore, et la grande famille dramatique reprendra **LA DIGNITÉ D'ELLE-MÊME.**

Loin de notre pensée d'accuser la Société des artistes dramatiques. Dans sa prévoyance, elle a tenté, par des versements mensuels, d'établir une Caisse de secours.

Malheureusement le plus grand nombre des artistes, relégués dans des rôles secondaires ou dans des utilités, n'ont, pour prix de leurs services, que des appointements insuffisants aux besoins de chaque jour. Ils sont donc dans l'impossibilité de **CONTRIBUER,** comme leurs frères privilegiés, dont les budgets

énormes forment un douloureux contraste à leur situation pré-
caire.

N'avons-nous pas vu de vieux artistes, morts dans la dernière
misère, ne devoir les planches de leur cercueil qu'à la modeste
offrande de quelques amis pauvres comme eux ?

C'est au concours intelligent de tous les artistes, sans dis-
tinction, que LES DIRECTEURS et LES AUTEURS doivent leur fortune.

Dans un sentiment de gratitude et d'équité, les auteurs et
les directeurs ne doivent-ils pas former une Caisse de prévoyance, par un prélèvement de 1 p. 0/0 *chacun sur les recettes
brutes de chaque théâtre?*

Ces **2** p. 0/0, en dégrevant les caisses de l'Assistance publique,
permettraient, dans un temps prochain, d'élever des maisons
de santé et de retraite, où LES DIRECTEURS, LES AUTEURS et LES
ARTISTES trouveraient une assistance honorable et digne de
cette grande famille, qui ne compterait plus de frères **BATARDS**.

En abordant cette question de progrès pacifique, les auteurs
de ce Mémoire ne se sont pas dissimulé les difficultés d'une
tâche rude et quelquefois stérile. Ils connaissent les rancunes
et les haines qui s'attachent aux réformateurs.

A la suite de démarches *nombreuses* faites en haut lieu,
dans *l'intérêt de tous*, ils ont été contraints d'adresser la lettre
suivante au chef de division du ministère d'Etat (section des
théâtres) :

« Paris, ce 2 février 1863.

» Monsieur,

» A la suite de la notification que vous avez bien voulu nous faire de
» ne plus fatiguer S. M. l'Empereur et Son Excellence le Ministre d'Etat,
» nous avons pris la résolution d'attendre.

» De la décadence même du théâtre naîtra le progrès.

» Nous nous abstiendrons à l'avenir de tout envoi inopportun, à
» l'exception du Mémoire sur les artistes, promis par nous.

» Qu'il nous soit permis, Monsieur, de nous justifier de notre té-
» mérité.

» MM. Ernest Fanfernot et Saint-Vital, élevés l'un et l'autre dans les
» premières institutions de France, l'un et l'autre sans travail, ont eu
» l'idée d'écrire une pièce à l'instar des *Volontaires de* 1814.

» Doutant d'eux-mêmes, ils ont réuni un certain nombre de critiques
» sévères en matière théâtrale. Après un examen sérieux de ces der-
» niers, ils ont osé faire une dédicace et donner au manuscrit des SOL-
» DATS DE LA LOIRE une haute destination.

» Un avis contraire a prévalu, ils s'inclinent. Ils se rappellent les ter-
» ribles commencements de plusieurs auteurs qui aujourd'hui ont un
» nom fait. Ils n'ont pas oublié que des pièces jugées mauvaises et im-
» possibles ont été achétées au prix du papier. Quelques années plus
» tard, un éclatant succès a réhabilité les auteurs de ces mêmes pièces,
» morts de chagrin et de misère.

» Notre désir d'ouvrir une *voie praticable* à tant de jeunes intelli-
» gences qui, sous l'appréciation *d'un jury indépendant*, seraient la
» gloire de notre siècle, nous fera pardonner notre AUDACE.

» En terminant, permettez-moi, Monsieur, de livrer à votre haute
» appréciation ces tristes réflexions : Si l'on conteste à M. Fanfernot
» un titre d'auteur, on lui accorde cependant quelques capacités en
» mécanisme de théâtre.

» Depuis longtemps, il a prêté un concours dévoué et malheureuse-
» ment peu, très peu rétribué, au succès des grandes pièces qui ont
» enrichi leurs auteurs, notamment *Pékin* et *Rothomago*.

» Ne vous étonnez-vous pas du double ostracisme qui refuse à l'homme
» de lettres le titre d'auteur et laisse l'artisan mourir de faim. . . . . »

. . . .

. . . .

(Copie de cette lettre a été adressée à Sa Majesté l'Empereur et à Son
Excellence le Ministre d'Etat, en date du 10 février.)

Ils sont certains d'avance que les SATISFAITS DU JOUR, endormis dans une douce quiétude et éveillés en sursaut par ces plaintes légitimes, ne manqueront pas de s'écrier : ÉTRANGE !!! ÉTRANGE !!!

Mais forts de leur droit et de leur conscience, les DÉSHÉRITÉS ont pour eux ces trois principes : le DEVOIR qui impose, l'ESPÉRANCE qui soutient, et LA FOI qui sauve.

ERNEST FANFERNOT, auteur et ex-artiste dramatique,

et SAINT-VITAL.

Paris, ce 2 février 1863.

A la Pelouse.

PARIS. — IMPRIMERIE DE DUBUISSON ET Ce, 5, RUE COQ-HÉRON.

Paris — Imprimerie de DUBUISSON et Cie, rue Coq-Héron, 5. — (5568)